TRUE TALES

DUMONT

MICHAEL OBERT

18 TAGE IM SINAI

UNTERWEGS INS HERZ DER FINSTERNIS

TRUE TALES
DUMONT

FSC
MIX
Papier
FSC® C023164

DuMont TRUE TALES

1. Auflage 2017
2017 DuMont Reiseverlag, Ostfildern

»18 Tage im Sinai« erschien erstmals unter dem Titel »Im Reich des Todes« im Magazin der Süddeutschen Zeitung, *Heft 29/2013, sowie in* Das Magazin, *Heft 30/2013. Der Text wurde für diese Ausgabe vom Autor ergänzt und aktualisiert.*

Umschlag- und Reihengestaltung: ZERO Werbeagentur, München
Umschlagillustration: getty images/Anik Messier
Fotos Innenteil: Moises Saman/Magnum
Autorenfoto: David Fischer

Printed in Europe
ISBN: 978-3-7701-6981-8

www.dumontreise.de

DUMONT

Für Claudia und Godehard

Syrien
Tel Aviv
Al-Arish
Israel
Jordanien
Kairo
Sinai-
Halbinsel
Saudi-Arabien
Ägypten
Sharm-
El-Sheikh

INHALT

SELOMON

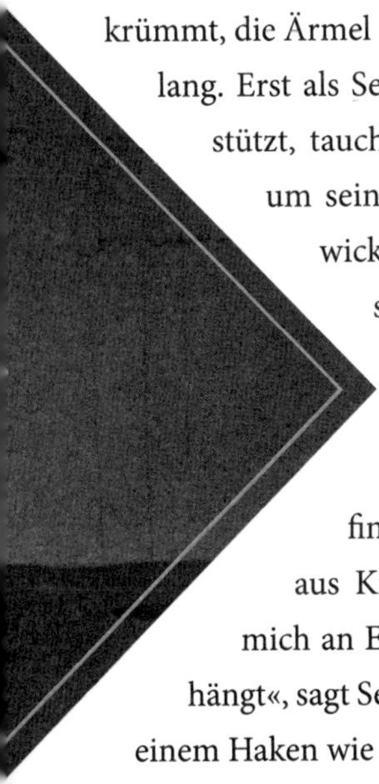

Seine Handgelenke sind seltsam nach innen gekrümmt, die Ärmel seines weißen Wollpullis viel zu lang. Erst als Selomon sich auf den Tisch aufstützt, tauchen die schmutzigen Verbände um seine Hände auf. Mit den Zähnen wickelt er den linken ab, zum Vorschein kommt eine Klaue. Der Großteil seiner Handfläche ist weggerissen. Nur der Daumen und ein halber Zeigefinger sind noch übrig, eine Zange aus Knochen und Haut. »Sie haben mich an Eisenketten an der Decke aufgehängt«, sagt Selomon leise. »Vier Tage lang, an einem Haken wie ein geschlachtetes Tier.«

Wir sitzen in einem kleinen Café am Levinsky-Park, einem verwahrlosten Grünstreifen im Süden von Tel Aviv. Die Szenen vor dem Fenster lassen kaum vermuten, dass wir uns in der israelischen Stadt am Mittelmeer befinden. Die Hautfarbe der meisten Passanten ist schwarz. Die Schriftzüge an den Scheiben der Friseursalons und Restaurants sind nicht in Hebräisch, sondern in der ostafrikanischen Sprache Tigrinya verfasst. Viele Geschäfte hier werden von Eritreern geführt. Ha'ir Hakvusha – »besetzte Stadt« – nennen die Tel Aviver diese Gegend, in der überwiegend afrikanische Einwanderer leben.

»Ich wollte nie nach Israel«, sagt Selomon und legt seinen Handstummel auf den Tisch. »Nicht einmal wenn sie mir einen Privatjet geschickt hätten.« Im Dezember 2011 floh der 28-jährige Informatiker vor der Diktatur in seinem Heimatland Eritrea in den benachbarten Sudan. »Mit meiner Ausbildung hätte ich in Angola, Uganda oder Südafrika gelebt wie ein König.« Doch dann wird er im Ostsudan von lokalen Räuberbanden gekidnappt, die ihn an ein international operierendes Netzwerk von Menschenhändlern verkaufen. Diese verschleppen Selomon über die

Grenze nach Ägypten und weiter auf die Sinai-Halbinsel – in ein Foltercamp der hier lebenden Beduinen, arabische Viehzüchter mit nomadischen Wurzeln. »Das sind keine Menschen«, sagt Selomon; sein verstümmelter Zeigefinger zittert. »Das sind blutrünstige Bestien.«

♦♦♦

Im Schatten der Schlagzeilen über den Putsch in Kairo, bei dem das Militär Ägyptens Präsident Mohammed Mursi stürzte, halten Beduinen in der Wüste des Sinai afrikanische Migranten als Geiseln gefangen. Tausende wurden in den vergangenen Jahren gefoltert. Die ägyptische Halbinsel am Roten Meer, beliebtes Ferienparadies der Deutschen, grenzt im Westen an den Suez-Kanal und im Osten an Israel und den Gaza-Streifen. Rund 300 000 Beduinen bewohnen das dünn besiedelte Wüstengebiet; einzelne Gruppen haben sich auf den Menschenhandel spezialisiert.

Die Migranten kommen vor allem aus Eritrea, aber auch aus dem Sudan, aus Äthiopien und Somalia. Ihre Kidnapper schlagen sie mit Stöcken, Ketten und Eisenstangen, bis sie ihnen die Telefonnummern ihrer Familien verraten. Sobald die Verbindung steht, beginnt die Folter. Die Kidnapper drücken ihren Opfern Zigaretten in den Gesichtern aus, brandmarken sie mit glühendem Metall, überschütten sie mit kochendem Wasser. Sie umwickeln ihre Finger mit Kabeln und drücken sie in die Steckdose, bis das Fleisch schwarz wird, oder sie gießen ihnen Diesel über den Kopf und zünden sie an, während die Angehörigen der Gefolterten daheim ihre Schreie über Handy mit anhören müssen.

»30 000 Dollar«, sagt Selomon und starrt ins Leere. »30 000 Dollar wollten sie von meiner Schwester in Eritrea haben.« Gelinge es den Kidnappern mit ihren Foltermethoden nicht, das Lösegeld zu erpressen, dann töteten sie ihre Geiseln. »Oder sie schneiden dir Nieren, Leber, Herz und Augen heraus und verkaufen sie an Organhändler.«

Von den rund 60 000 afrikanischen Migranten, die es nach Schätzungen der Tel Aviver Organisation Ärzte für Menschenrechte in den vergangenen Jahren illegal über die ägyptische Grenze nach Israel geschafft haben, sind bis zu 7000 in den Folterkammern der Beduinen misshandelt worden. Mehr als 4000 haben die Torturen nicht überlebt; ihre Leichen verrotten in der Wüste. Rund tausend Menschen sollen sich derzeit in den Fängen der Kidnapper befinden.

Auf der Sinai-Halbinsel ist die ägyptische Militärpräsenz seit dem Camp-David-Friedensabkommen mit Israel von 1978 erheblich eingeschränkt. Die UN-Blauhelmsoldaten, die den Frieden in der strategisch wichtigen Wüstenregion überwachen sollen, halten sich vor allem an ihren Stützpunkten auf. Das so entstandene Machtvakuum haben die Beduinenstämme in den vergangenen Jahrzehnten genutzt, um Milizen zu gründen und eigene Machtstrukturen zu etablieren.

Besonders seit dem Sturz von Hosni Mubarak im Februar 2011 hat sich der Sinai, der fast so groß wie

Bayern ist, zu einem Territorium ohne Recht und Gesetz entwickelt. Während Urlauber im Süden der Halbinsel an Hotelstränden in der Sonne baden, versetzen bewaffnete kriminelle Banden und militante Islamisten den Norden in Angst und Schrecken. Sie verüben Bombenanschläge auf Gasleitungen und feuern mit Maschinengewehren und Raketen auf Polizeistationen und Checkpoints. Immer wieder gibt es Tote und Verletzte. Experten fürchten, auf dem Sinai könnte eine neue Operationsbasis für das Terrornetzwerk al-Qaida entstehen. Direkt an der Grenze zu Israel.

In diesem Chaos, das nach dem Putsch in Kairo noch zugenommen hat, gehen die Kidnapper und Folterer, die laut den Vereinten Nationen einem der weltweit grausamsten Netzwerke des Menschenhandels angehören, unbehelligt ihren blutigen Geschäften nach. »Wenn ihr in den Sinai fahrt, werden sie euch abknallen«, sagt Selomon; dann streckt er uns seinen Handstummel hin. Zwischen Zeigefinger und

Daumen klemmt ein kleiner Zettel. »Meine Schwester hat sie aufgehoben, vielleicht funktioniert sie noch.« Es ist die Telefonnummer seines Foltercamps.

Die Spur der Menschenhändler führt nach Al-Arish, in die Hauptstadt der ägyptischen Provinz Nordsinai. Vier Autostunden nordöstlich von Kairo und keine siebzig Kilometer von der Grenze zum Gaza-Streifen und zu Israel entfernt drängen sich Tausende unverputzter Backsteinhäuser in der Wüste. Hinter einem langen Strand am türkisfarbenen Mittelmeer steht die ägyptische Staatsmacht fast täglich unter Beschuss. Die Fassade der Polizeistation ist von Kugeln durchsiebt. Militante Islamisten haben sie aus vorbeifahrenden Geländewagen mit Schnellfeuergewehren angegriffen. In Stellungen aus Sandsäcken und Stacheldraht verschanzt sollen Soldaten hinter aufgebockten Maschinengewehren die Polizisten beschützen, die an den zahlreichen Checkpoints der Stadt rund um die Uhr Straßenkontrollen vornehmen.

Seit dem Putsch in Kairo hat sich die ohnehin brisante Sicherheitslage noch verschärft: Islamisten griffen den Flughafen von Al-Arish an, feuerten in simultanen Attacken mit schweren Waffen auf Militär- und Regierungseinrichtungen in der Stadt und stürmten den Sitz des Gouverneurs, um ihre schwarze Fahne zu hissen.

Kurz nach unserer Ankunft liefern sich verfeindete Beduinengangs aus ihren Autos heraus eine Schießerei. Gewehrsalven, quietschende Reifen; Scheiben klirren. Auf der Kreuzung zuckt ein Hund in einer Blutlache. Worum geht es? »Auf dem Sinai sprechen wir nicht mehr miteinander«, sagt Hamdi Al-Azazi wenig später in seinem kleinen Büro in einer Nebenstraße von Al-Arish. »Wir lösen Probleme mit der Waffe.«

In der »Kommandozentrale« des Menschenrechtlers – grauer Schnauzbart, blaues Hemd, Bundfaltenhose – sind die Rollläden Tag und Nacht heruntergelassen. Die Tür ist mit Stahlriegeln gesichert. Eine Neonröhre spendet Licht, ein Ventilator surrt. »In den letzten zwei Jahren haben wir in der Wüste Hunderte verstümmelter Afrikaner gefunden«, erzählt Al-Azazi und zeigt uns auf seinem Computer die Fotos der Leichen: tot geprügelt, verhungert, verbrannt, selbst im Tod noch aneinandergekettet. Körper ohne Köpfe. Ein Baby mit aufgeschlagener Schädeldecke. Eine junge Frau, mit Petroleum übergossen und angezündet. »*Bevor* sie starb«, präzisiert Al-Azazi.

An der Wand hängt ein Plakat seiner Organisation New Generation Foundation for Human Rights. Die einheimischen Aktivisten versorgen Afrikaner, die den Foltercamps entkommen oder nach Zahlung des Lösegeldes freigelassen werden, mit Essen, Kleidung und Medizin. Auf seinem Computer zeigt uns Al-Azazi noch grausamere Fotos: Körper von Verstorbenen mit aufgesägten, leeren Brustkörben; andere sind in der Mitte oder an den Seiten mit großen Stichen zugenäht. »Nieren, Leber, Herz, Augenlinsen«, zählt Al-Azazi auf – Organräuber sollen sie herausgeschnitten haben.

Al-Azazi hat die Fotos dem früheren Chef der Rechtsmedizin in Kairo vorgelegt, der die Nähte als »professionelle Arbeit« einstuft. Ein umfangreicher Bericht der Europäischen Union zeichnet das Bild einer regelrechten Industrie des Organhandels auf dem Sinai. Ein Beduine teilte anonym dem amerikanischen TV-Sender CNN mit: »Ärzte aus Kairo rufen mich an und sagen mir, wir haben hier einen Privatpatienten und brauchen dieses oder jenes Organ. Es ist wie bei Ersatzteilen für ein Auto.«

Die Ärzte sollen mit schweren Geländewagen aus Kairo in die Wüste des Sinai reisen, um afrikanischen Flüchtlingen in Operationszelten ihre Organe zu rauben, diese in Kühlschränken nach Kairo zu bringen und sie dort zu implantieren. Allerdings ist Hamdi Al-Azazi der einzige unserer Gesprächspartner, der diese mobilen Kliniken gesehen haben will.

Fast täglich bekommt er Morddrohungen. Zweimal ist auf ihn geschossen worden. Als sein elfjähriger Sohn Abdul gegenüber im Laden einen Schokoriegel kaufen wollte, wurde er von einem Geländewagen angefahren. Al-Azazi ist überzeugt: »Ein Anschlag der Menschenhändler.« Sein Sohn überlebte, aber seine Hände und Beine sind gebrochen, sein Gesicht wird für immer von Narben entstellt sein.

»Ihre Drohungen machen mich nur noch entschlossener«, sagt Al-Azazi auf dem Weg zum Friedhof. Während wir an Bauruinen und hoch gesicherten Checkpoints vorbeifahren, spricht er in einem fort von seiner Religion, dem Islam. Der verbiete es ihm, wegzusehen, wenn andere Menschen leiden. »Egal ob sie Muslime sind oder nicht.«

Aus der ganzen Gegend rufen ihn die Leute an, wenn sie Leichen gefolterter Afrikaner in der Wüste finden. Al-Azazi holt sie ab, wäscht sie, salbt sie mit wohlriechenden Essenzen und hüllt sie in weißes Tuch ein; dann begräbt er sie mit eigenen Händen. »Über 500«, sagt er, als wir vor dem Friedhofstor am Rand von Al-Arish aus dem Auto steigen. Das Massengrab sieht aus wie eine Müllhalde. »Hier sieben«, sagt Al-Azazi und stapft über zerrissene Sandalen, Kleiderfetzen, Plastikflaschen hinweg, während er die Markierungen abliest, die er in die Friedhofsmauer geritzt hat. »Hier vier, hier neun, hier ein Baby.«

Die letzten Folteropfer hat er vor zwei Tagen begraben. Zwei Männer und eine junge Frau mit weit aufgerissenen Augen, die sich nicht mehr schließen ließen und ihn seither in seinen Träumen heimsuchen.

Am Abend rufen wir die Telefonnummer an, die uns Selomon, der Mann ohne Hände, in Tel Aviv gegeben hat. Aber die Nummer seines Foltercamps ist stundenlang besetzt. Selomons Geschichte beginnt an einem kühlen Morgen im Dezember 2011 an der Universität von Asmara, der Hauptstadt von Eritrea, wo er im letzten Semester Computertechnik studiert. Mitten in die Vorlesung stürmen plötzlich Polizisten und verhaften mehrere seiner Freunde, weil diese in einem Blog das Fehlen des Rechts auf Meinungsfreiheit in ihrem Land kritisiert hatten.

Eritrea liegt an der Küste des Roten Meeres, oberhalb des Horns von Afrika. Vor zwanzig Jahren erkämpfte das Land seine Unabhängigkeit vom benachbarten Äthiopien. Seither herrscht in Eritrea eine brutale Diktatur. Im Einparteienstaat mit strikter Planwirtschaft werden Oppositionelle gefoltert und Journalisten eingesperrt. Amnesty International prangert das Regime wegen systematischer Unterdrückung seiner Bürger an: erzwungener und zeitlich unbegrenzter Militärdienst für Männer und Frauen, religiöse Verfolgung, Todesurteile. 250 000 Menschen sind in den vergangenen Jahren aus Eritrea geflohen.

Als sich Selomon nach der Verhaftung seiner Freunde für ihre Freilassung einsetzt, wird er selbst verhört – und flüchtet über die Grenze in den benachbarten Sudan, bevor die Schergen des Regimes ihn festnehmen können. Er schlägt sich bis ins Flüchtlingscamp Shagarab durch und wähnt sich dort in Sicherheit. Doch als er auf dem Weg zur Essensausgabe ist, springen – unter den Augen sudanesischer Soldaten, die von den Vereinten Nationen für den Schutz der Flüchtlinge bezahlt werden – sechs mit Kalaschnikows bewaffnete Männer von einem Landcruiser.

Es sind Menschenjäger vom Stamm der Rashaida, eines losen Verbunds nomadischer Clans. Mit Gewehrkolben schlagen sie Selomon nieder und werfen ihn auf die Ladefläche ihres Pick-ups. Eine monatelange Odyssee nach Norden beginnt.

Von einer kriminellen Bande an die nächste weiterverkauft, wird er von einem gut organisierten Netzwerk über die Grenze nach Ägypten geschafft, mit rund 150 anderen entführten Eritreern in einen als Geflügeltransporter getarnten Lastwagen gepfercht und über die Suez-Kanal-Brücke auf den Sinai gekarrt. Die einzige Frischluft kommt durch die Schlitze hinter dem Motor. »Ich wollte einfach nur ein neues Leben beginnen«, erzählte uns Selomon im Café am Levinsky-Park. Doch die Wüste des Sinai erfüllt keine Wünsche. Als schwer bewaffnete Beduinen die Heckklappe des Lastwagens aufreißen, sind sieben Afrikaner erstickt, darunter zwei Kinder und ein Baby.

TEE MIT EINEM MÖRDER

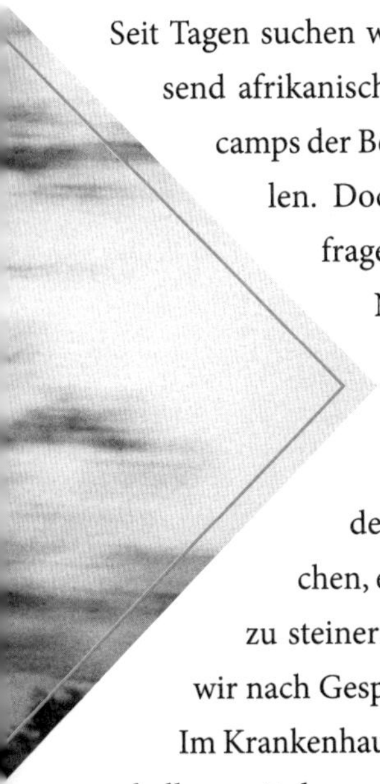

Seit Tagen suchen wir in Al-Arish nach jenen tausend afrikanischen Geiseln, die in den Foltercamps der Beduinen Selomons Schicksal teilen. Doch wo immer wir nach ihnen fragen – beim Gouverneur des Nordsinai, bei der lokalen Militärführung, bei den Generälen der Grenzpatrouillen –, schließen sich die Türen, werden Telefongespräche unterbrochen, eben noch freundliche Gesichter zu steinernen Masken. Es ist, als suchten wir nach Gespenstern.

Im Krankenhaus finden wir nur noch die Handschellen, mit denen entkommene oder freigekaufte und oft schwer verletzte Folteropfer an die Betten gekettet wurden. »Verlegt ins Gefängnis«, sagt uns ein

Arzt in einem fleckigen weißen Kittel, als wir nach dem Verbleib der Afrikaner fragen. »Oder abtransportiert nach Kairo.« Aber sicherheitshalber sollen wir doch mal in der Leichenhalle nachsehen.

Wenn die Geiseln die Torturen in den Foltercamps überleben und tatsächlich freikommen, ist ihr Leidensweg noch lange nicht beendet: Viele irren tagelang in der Wüste umher. Die israelische Regierung hat einen Großteil des 240 Kilometer langen und fast fünf Meter hohen Stahlzauns fertiggestellt, der sich entlang der Grenze zu Ägypten von Eilat an der Nordspitze des Roten Meeres bis nach Gaza zieht und afrikanische Flüchtlinge aus dem Sinai fernhalten soll.

Im offiziellen israelischen Wortlaut werden sie *mistanenim* genannt, »Eindringlinge«, eine Bezeichnung, die lange für unerwünschte Palästinenser verwendet wurde und afrikanische Migranten in die Nähe von Terroristen rückt. Politiker vom rechten Flügel bezeichnen sie als »Krebsgeschwür in unserem Körper«, und Premierminister Benjamin Netanjahu sieht durch sie den jüdischen Charakter Israels bedroht. Ein verschärftes »Gesetz zur Bekämpfung der Infiltration« sieht vor, dass afrikanische Flüchtlinge bis zu drei Jahren festgehalten werden können. Ohne Gerichtsverfahren. Und mitsamt ihrer Kinder.

Derzeit lässt die israelische Regierung Gefängnisse bauen, in denen mehr als 10 000 Migranten inhaftiert werden können. »Israel, eine Nation, die selbst von Flüchtlingen gegründet wurde, verstößt gegen das internationale Flüchtlingsrecht«, sagt Sigal Rozen von der Menschenrechtsorganisation Hotline for Migrant Workers in Tel Aviv.

Auf ägyptischer Seite ergeht es denen, die die Torturen in den Foltercamps der Beduinen überleben, nicht besser. Denn statt gegen die Täter gehen Ägyptens Behörden gegen die Opfer vor. Am Grenzzaun riskieren sie, von Patrouillen erschossen zu werden. Schwerverletzte werden im Krankenhaus von Al-

Arish zwar notdürftig versorgt, aber mit Handschellen an die Betten gekettet. »Damit sie nicht abhauen«, sagt der Arzt im fleckigen Kittel. »Diese Leute sind Kriminelle.«

Wer keine äußeren Anzeichen von Folter aufweist, wandert direkt ins Polizeigefängnis, wo Afrikaner oft monatelang ohne ausreichend Wasser und Nahrung in winzigen Zellen zusammengepfercht werden. Selbst dem Flüchtlingshilfswerk der Vereinten Nationen (UNHCR) wird der Zutritt verwehrt. Mit der Begründung, die ehemaligen Geiseln der Beduinen seien Wirtschaftsflüchtlinge, damit illegal im Land und ohne Anspruch auf politisches Asyl.

Und so werden Eritreer in ihr Land zurückgeschickt, obwohl sie dort Gefahr laufen, erneut eingesperrt und gefoltert oder gar als »Verräter« hingerichtet zu werden, weil sie ihre Heimat illegal verlassen haben. »Damit verstößt Ägypten gegen die Genfer Flüchtlingskonvention«, sagt Mohammed Dairi vom UNHCR-Büro in Kairo.

♦♦♦

Wir haben die Hoffnung, in Al-Arish einige der Afrikaner zu finden, schon fast aufgegeben, da bestätigt uns ein Informant, dass in den Polizeigefängnissen der Stadt 122 ehemalige Geiseln festgehalten werden. Der einzige Weg zu ihnen führt über den Polizeichef der Provinz Nordsinai. Den wollen wir auch fragen, warum die Staatsgewalt nichts gegen die Kidnapper und Folterer unternimmt.
General Sameh Beshadi lässt uns in sein Büro bitten. Kaffee wird serviert. Mit Kardamom. Er stehe uns in fünf Minuten zur Verfügung, lässt er ausrichten. Nach zwei Stunden will er uns dann plötzlich doch nicht mehr treffen. Auf einmal brauchen wir eine spezielle Genehmigung, um ihm ein paar Fragen zu stellen. Zu beantragen in Kairo.

»Zugang zu afrikanischen Häftlingen verboten«, sagt der junge Offizier, der uns aus dem hoch gesicherten Präsidium hinausbegleitet. »Vorsichtsmaßnahme gegen schlechte Presse.« Dann senkt er die Stimme und verrät uns, dass die Stammesgebiete in der Wüste, wo die Foltercamps liegen, für Fremde der reine Selbstmord seien. Auch für Polizisten. »Die Beduinen knallen uns dort draußen einfach ab«, flüstert er. »Nicht für eine Million würde ich freiwillig einen Fuß in diese Wüste setzen.«

Es dauert Tage, bis wir jemanden finden, der bereit ist, uns in die Stammesgebiete zu begleiten. »Die Banden sehen ein fremdes Auto mit zwei Weißen auf dem Rücksitz«, erklärt uns Abdel, ein Beduine mit spitz zulaufendem Wieselgesicht. »Sie handeln schnell: Erst nehmen sie euren Wagen, dann seid ihr dran.« Zwei Optionen hätten wir in einem solchen Fall: »Entführung oder eine Kugel in den Kopf.«

Der Kontakt zu Abdel kommt über die Aktivisten um Hamdi Al-Azazi zustande. Der drahtige kleine Beduine mit den weit auseinanderstehenden gelben Zähnen will uns zu Scheich Ibrahim Al-Manei bringen. In der Gegend, in der die Foltercamps liegen, besitzt der Beduinenführer eine Reihe von Schmuggglertunnels in den Gaza-Streifen. Sein Sawarka-Stamm soll über eine schwer bewaffnete, mehrere tausend Mann starke Miliz verfügen.

In einem Beduinentaxi umfahren wir die Checkpoints am Ortsausgang von Al-Arish und folgen den Wüstenpisten in Richtung israelische Grenze. Ziegenherden, dorniges Buschwerk, Geröll. Viele der einfachen Kastenhäuser sind halb verfallen. Frauen schleppen Wasserkanister von Brunnen nach Hause. Im Schatten einer Akazie polieren Jugendliche ihre Pistolen. »Keine Arbeit, kein Geld, keine Zukunft«, sagt Abdel auf dem Beifahrersitz. »Kein Wunder, dass viele von uns zu Kriminellen werden.«

Die Diktatur von Hosni Mubarak war bei den muslimisch-konservativen Beduinen besonders verhasst. Er ging pauschal und rücksichtslos gegen die Stämme vor, verteilte ihr Land an sein Gefolge und schloss Beduinen kollektiv aus dem Staatswesen aus. Im Süden der Halbinsel – in den Touristenhochburgen um Sharm-El-Sheikh – häufte die Regierungsclique märchenhafte Reichtümer an. Der Norden hingegen blieb unentwickelt. Die Arbeitslosigkeit ist hoch, die Kindersterblichkeit ebenfalls. Auf einen Arzt kommen mehrere Tausend Einwohner. Über die Hälfte der Beduinen kann nicht lesen und schreiben. Die desolate wirtschaftliche Lage, sagt Abdel, sei der Nährboden für die grausamen Auswüchse des Menschenhandels.

Eine gute Stunde östlich von Al-Arish erreichen wir die in der Wüste verstreuten Backsteinhäuser von Al-Mehdia. Wenige Kilometer von der israelischen Grenze entfernt stehen sich hier bis an die Zähne bewaffnete Beduinenbanden, Schmugglerclans und Islamisten gegenüber. Schon nach den ersten Häusern tauchen Pick-ups mit aufgebockten Maschinengewehren auf; dahinter junge Beduinen, die Gesichter mit rotweißen Tüchern vermummt, die Finger am Abzug. Abdel streckt den Kopf aus dem Fenster – sie kennen ihn und winken uns durch. »Wenn du hier nicht dazugehörst«, sagt er, »bist du tot.« Al-Mehdia gilt als gefährlichster Ort auf dem Sinai.

Scheich Ibrahim Al-Manei empfängt uns im Schneidersitz in einem Rohbau mit nackten Betonsäulen und getönten Fenstern. Der kräftige kleine Mann ist um die sechzig Jahre alt, er trägt ein weißes Gewand und ein weißes Kopftuch mit schwarzer Kordel. Al-Manei gehört zu den Beduinenführern, die den Menschenhandel ablehnen. Er nimmt entflohene Afrikaner bei sich auf, gibt ihnen Kleidung und zu essen und lässt sie medizinisch versorgen. Die letzten habe er vor einer Woche sicher nach Kairo bringen lassen und dort einer Hilfsorganisation übergeben.

Um die Menschenhändler zu isolieren, trifft er sich mit den Oberhäuptern der Beduinenfamilien. Die sollen die Folterer nicht mehr in ihren Supermärkten, Apotheken, Werkstätten bedienen und ihnen ihre Töchter nicht zur Heirat geben. »Die ersten Frauen haben sich von Menschenhändlern scheiden lassen«, freut er sich; das Teeglas wirkt zerbrechlich in seinen gewaltigen Händen. »Kommen Sie in einem Jahr wieder, dann haben wir den Menschenhandel von innen ausgetrocknet.«

Experten schätzen, dass insgesamt mehr als 10 000 Afrikaner aus den Foltercamps freigekauft wurden. Bei einem Lösegeld von durchschnittlich 30 000 Dollar würden sich die Einnahmen auf 300 Millionen Dollar belaufen. Wer gerade nicht flüssig ist, tauscht drei Geiseln gegen einen Toyota Landcruiser. Für sieben Afrikaner gibt es bereits einen Lastwagen. Werden die Menschenhändler wegen ein wenig sozialem Druck auf solche Profite verzichten?

»Schmutziges Geld fließt in schmutzige Dinge«, sagt Al-Manei. »Villen, Waffen, Partys, Prostitution.« In der Gegend kursieren zahlreiche Geschichten, in denen Folterer mit tödlichen Autounfällen, mysteriösen Krankheiten und plötzlichem Ruin bestraft wurden. »Sie machen Millionen«, sagt Al-Manei. »Aber Allah holt sich ihr Leben.«

Ob der Stammesführer den Menschenhandel wirklich beenden oder eher das beschädigte Image der Beduinen flicken will, bleibt unklar. Fest steht, dass er sehr genau weiß, wer die Afrikaner gefangen hält. Warum trommelt er nicht einfach seine Miliz zusammen, um die Foltercamps zu stürmen und Schluss zu machen mit den Verstümmelungen, den Vergewaltigungen, den Morden? »Kein Beduine darf sich in die Angelegenheiten anderer Familien einmischen«, sagt Al-Manei. »Das gäbe Blutfehden mit unzähligen Toten.«

Und der Organhandel? »Bullshit!«, braust er auf. »Staub, Hitze, die große Entfernung nach Kairo – wie soll das funktionieren?« An mobile Kliniken, die selbst für die Beduinen unsichtbar in der Wüste operierten, glaubt er nicht. Überlebende der Foltercamps berichten zwar von einem Mann mit weißem Kittel und Arztkoffer, den die Kidnapper ihren Geiseln vorführen, um ihnen dann zu drohen: »Wenn eure Familie nicht zahlt, schneidet der Doktor eure Nieren raus.« Aber selbst gesehen hat einen Organraub niemand. Vielleicht ist die Drohung eine perfide Psycho-Folter, um die Zahlung der Lösegelder zu beschleunigen. Allerdings muss man sich dann fragen, was es mit den Fotos von professionell zugenähten Leichen auf sich hat. Der organisierte Organhandel auf dem Sinai bleibt nebulös.

Scheich Ibrahim Al-Manei lässt uns noch einmal Tee eingießen. Wer sind die Köpfe des Netzwerks der Menschenhändler? In fast allen Familien der Gegend seien einzelne Leute beteiligt, windet sich Al-Manei; dann nennt er uns doch einen Namen: Ouda Abu Saad vom Stamm der Jalouf. Bis vor wenigen Jahren hütete Saad noch Ziegen. Doch dann baute er in kürzester Zeit mehrere millionenteure Märchenpaläste mit fernöstlich anmutenden Pagodendächern in die Wüste.

Ihn treffen? Scheich Ibrahim verschluckt sich fast an seinem Tee. Unter keinen Umständen will er uns zeigen, wo Ouda Abu Saad wohnt. »Zuerst foltert er

Sie, um herauszufinden, wer Sie geschickt hat«, sagt unser Gastgeber. »Dann vergräbt er Sie lebendig in der Wüste.« Nicht einmal der mächtige Scheich Ibrahim Al-Manei würde es wagen, an seine Tür zu klopfen.

Die Bosse des Netzwerks haben Tausende auf dem Gewissen. Und jedes Schicksal hat seine eigene Geschichte. Selomon, der junge Eritreer aus dem Café in Tel Aviv, wird nach seiner Ankunft auf dem Sinai aus dem Geflügellaster gezerrt und mit 25 anderen afrikanischen Geiseln in einen Keller gesperrt. Kein Licht, keine Toilette. Tagelang bekommt er nichts zu essen und zu trinken. Seine neuen Besitzer schlagen ihn, bis er die Telefonnummer seiner Schwester in Asmara verrät. Als sie abnimmt, muss sie mit anhören, wie ihr Bruder um Hilfe schreit. Dann ein lautes Krachen. Wie von morschem Holz. Mit schweren Eisenstangen brechen die Beduinen Selomons Handgelenke; seine Schwester lassen sie wissen: »30 000 Dollar – oder wir bringen ihn um!«

♦♦♦

Eritrea ist eines der ärmsten Länder der Welt. Selomons Familie, einfache Bauern, verkauft ihr Haus und ihr Vieh, um das Lösegeld per Western Union an einen Mittelsmann der Erpresser in Israel zu überweisen. Doch der Erlös reicht bei Weitem nicht, um den Sohn freizukaufen. Und während seine Schwester bei Verwandten und Bekannten sammelt, auch in der Exilgemeinschaft in Europa und den USA, reißen die Anrufe der Kidnapper nicht ab. Jedes Mal wenn sie das Telefon abnimmt, hört sie Selomons Schreie.

Seine Peiniger fesseln ihm die Füße mit schweren Ketten, die seine Haut bis auf die Knochen aufreiben. Vor einer benachbarten Kellerzelle stehen täglich Beduinen an, um Frauen zu vergewaltigen. Mit dem heißen Gummi geschmolzener Kühlerschläuche verbrennen sie ihre Brustwarzen und stoßen Eisenstangen in ihre Vaginen. Selbst wenn eine der Frauen ihren Verletzungen erliegt, lösen sie ihre Fesseln nicht.

Tagelang bleiben die Überlebenden an die Toten gekettet.

Selomon hängen sie schließlich an den Händen an der Decke auf, »an einem Haken wie ein geschlachtetes Tier«. Als er vier Tage später heruntergelassen wird, sind seine Gliedmaßen abgestorben. Er wird seine Finger nie mehr spüren.

♦♦♦

Wir fahren aus Al-Mehdia hinaus in die Wüste, in Richtung des israelischen Grenzzauns. »Die Camps sind schwer zu finden«, sagt Abdel, der Beduine, der uns seit Tagen durch die Stammesgebiete führt. »Sie werden ständig verlegt.« In jedem der einstöckigen Backsteinhäuser, die wir passieren, könnte sich genau in diesem Moment Selomons Geschichte wiederholen. »Wird irgendwo im Nahen Osten auch nur ein einziger Europäer entführt«, sagt Abdel auf dem Beifahrersitz, »dann geht ein Aufschrei durch die Medien und alle Hebel werden in Bewegung gesetzt, um die Geisel zu befreien – aber bei Tausenden von Afrikanern sieht die Welt weg und lässt sie krepieren.«

Tatsächlich sehen die Europäische Union und auch Deutschland, der drittgrößte Handelspartner Ägyptens, dem Foltern und Morden auf dem Sinai bisher weitgehend tatenlos zu. Die Bundesregierung ist laut eigener Auskunft auf eine Kleine Anfrage im Bundestag im Oktober 2012 bestens über die grausamen Verbrechen der Beduinen informiert, dennoch sprachen deutsche Politiker beim Staatsbesuch des mittlerweile gestürzten ägyptischen Präsidenten Mohammed Mursi in Berlin lieber über Wirtschaftsabkommen, Schuldenerlass, Entwicklungshilfe und Tourismus. In Angela Merkels abschließender Presseerklärung zu Mursis Besuch erwähnte die Bundeskanzlerin den grausamen Menschenhandel auf dem Sinai mit keinem Wort.

»Die Bundesregierung muss endlich Druck auf Kairo ausüben«, fordert Annette Groth, menschenrechtspolitische Sprecherin der Fraktion Die Linke im

Bundestag, die sich seit längerer Zeit mit dem Thema befasst. »Die ägyptische Regierung muss entschieden gegen die begangenen Verbrechen vorgehen und die Schuldigen vor Gericht stellen und bestrafen.«

Darüber hinaus müsse Ägypten die internationalen Konventionen befolgen, afrikanische Flüchtlinge menschenwürdig behandeln und ihnen die Möglichkeit geben, Asyl zu beantragen. Ein Druckmittel hat die Europäische Union in der Hand: das Assoziierungsabkommen mit Ägypten. »Artikel 2 aller EU-Abkommen mit den Mittelmeeranrainerstaaten«, so Groth, »verpflichtet unsere Partner, die Menschenrechte einzuhalten.« Dies gelte auch für die Übergangsregierung, die seit dem Putsch in Kairo vom Militär eingesetzt ist.

Es ist eine bittere Ironie, dass ausgerechnet diejenigen am entschlossensten gegen die Kidnapper und Folterer vorgehen, die weltweit als Terroristen gefürchtet sind: die radikalen Islamisten. Auf dem Sinai operieren mehrere solcher militanter Gruppierungen, darunter die Tawhid wal-Jihad, die »Armee des Monotheismus und des Heiligen Krieges«, die zum Terrornetzwerk al-Qaida gehört. Für die Islamisten ist die Folter wehrloser Menschen *haram* – Sünde. Und während Europa wegsieht, halten sie sich nicht mit langen Reden auf.

»Eine Woche lang warnten sie Abu Sania per SMS, er solle die Misshandlungen beenden und auf den Pfad Gottes zurückkehren«, erzählt Abdel über einen für seine Grausamkeit berüchtigten Folterer vom Stamm der Ermilad. Als dieser nicht hören wollte, feuerten maskierte Männer auf den Landcruiser seines Bruders; er war sofort tot. »Die Botschaft ist klar«, sagt Abdel. »Wenn du nicht aussteigst, bist du der Nächste.« Aus Angst vor der Rage der Religionskrieger, heißt es, liefen den Bossen die Handlanger reihenweise davon.

Paradoxer geht es kaum: Die militanten Islamisten retten afrikanische Migranten vor der Folter. Weil Gott ihnen verbietet, wegzusehen, wenn wehrlose

Menschen leiden. Und dann befiehlt derselbe Gott ihren radikalen Gesinnungsgenossen, sich an einem viel besuchten Ort in Tel Aviv, New York, London oder Kabul in die Luft zu sprengen.

♦♦♦

Die Sonne nähert sich bereits dem Horizont, als wir uns auf einer Matte in der Wüste niederlassen – um Tee zu trinken mit einem Mörder. Es hat unzählige Telefonate und Abdels ganze Überredungskunst gebraucht, bis sich einer der Folterer bereit erklärte, mit uns zu sprechen. Der massige Beduine ist um die vierzig Jahre alt, trägt eine Pumphose und pult mit den Fingern zwischen seinen nackten Zehen. Er sei vor Kurzem ausgestiegen, sagt er. Aus Angst vor den Islamisten. Ob das stimmt, ist jetzt nicht wichtig. Wir wollen wissen, was in einem Beduinen vorgeht, wenn er Afrikaner zu Tode quält.

»Nichts«, sagt er und lächelt. »Ich bekam regelmäßig mein Geld.« Der Lohn des Folterknechts:

knapp 120 Euro im Monat. Der Mann lässt keinerlei Anzeichen von Mitgefühl erkennen. Stattdessen erzählt er gelassen, als spräche er über die Pfirsichernte, wie sie Frauen in Strohzäune einrollten und anzündeten; wie sie ein Baby von der Brust der Mutter rissen, es erwürgten und damit Fußball spielten; wie sie ein Erdloch mit Glut füllten, einen Metallrost darüberlegten und ihre Opfer auf die glühenden Stäbe warfen. »Afrikanisches Barbecue«, sagt der Mann und nippt an seinem Tee. »Schwarzes Fleisch.«

Wie kann ein Mensch einem anderen solche Grausamkeiten zufügen? »Unser Handwerk haben wir im Gefängnis gelernt«, sagt der Beduine, »in den Folterkammern von Mubarak.« Viele seiner Kollegen seien in den Verliesen des Regimes jahrelang selbst gefoltert worden. Mit den Methoden, die sie jetzt an ihren Geiseln erprobten. Die bestialischen Auswüchse des Menschenhandels auf dem Sinai: ein Erbe der ägyptischen Diktatur.

♦♦♦

Selomons Martyrium dauert acht Monate. Dann hat seine Schwester das Lösegeld von 30 000 Dollar tatsächlich beisammen und kann es an den Mittelsmann der Beduinen in Israel überweisen. Inzwischen hat Selomon die Hälfte seines Körpergewichts verloren und wiegt nur noch wenig mehr als vierzig Kilo. Er kann nicht mehr stehen, kaum mehr sprechen. Am 26. Juni 2012 werfen ihn die Beduinen in der Nähe der Grenze bewusstlos in die Wüste. Andere Eritreer, die mit ihm freigelassen werden, schleppen ihn hinüber nach Israel.

»Lasst mich sterben«, fleht er im Krankenhaus in Tel Aviv die Chirurgen an. Von den gebrochenen Gelenken ab sind seine Hände tot. Die Ärzte amputieren einen Großteil. Sieben Operationen, drei Monate im Krankenhaus. Seit seiner Entlassung lebt Selomon in einem Flüchtlingsheim in Tel Aviv, nicht weit vom Levinsky-Park.

Seine Zukunft? Der junge Eritreer hofft auf eine Handtransplantation. »200 000 Dollar«, hatte Selomon bei unserem Treffen im Café leise gesagt und dabei auf seine Stummel gestarrt; dann zählte er die Länder auf, die in dieser hoch komplizierten Chirurgie führend sind: »USA, Kanada, Dänemark, Deutschland.«

Bis zuletzt bleiben die afrikanischen Geiseln auf dem Sinai für uns unsichtbar, und während wir uns schon wieder auf dem Rückweg aus den Stammesgebieten nach Al-Arish befinden, scheint uns dies plötzlich wie eine Metapher: Weil die Welt diese Menschen nicht zu Gesicht bekommt und kaum jemand ihre Geschichte kennt, können ihre Kidnapper sie ungehindert weiterfoltern.

In einem Gehöft legen wir eine letzte Rast ein. Abu, ein 15-jähriger Junge mit Milchbart und Strohhalm zwischen den Zähnen, führt uns durch die Pfirsichbäumchen, die hinter einem Kastenhaus in der Wüste wachsen. Die Früchte schmecken süß, ihre

Haare kitzeln an den Zähnen. Eine Schar kleiner Kinder kommt angelaufen und setzt sich zu uns in den Sand. Abu erzählt, dass er zwei Jahre vor dem Abschluss der Sekundarschule steht. Was will er einmal werden? Lehrer? Arzt? Er kenne einen, antwortet er, der seinen Abschluss als Jahrgangsbester machte: »Und trotzdem fand er nirgendwo Arbeit.«

Was also will Abu machen, wenn er mit der Schule fertig ist? »Afrikaner foltern«, sagt der Junge plötzlich. Wir steigen nicht darauf ein. Vielleicht hat er gehört, dass wir an dem Thema interessiert sind, und will uns imponieren. Aber Abu geht mit leuchtenden Augen ins Detail: »Ihnen glühende Nägel durch die Hände schlagen, sie mit kochendem Wasser übergießen« – die Kleinen kreischen vor Vergnügen – »30 000 Dollar Lösegeld kassieren und sie dann für 5000 Dollar weiterverkaufen.«

Vielleicht nur eine grausame Kinderfantasie. Doch in diesem Moment sagt sie uns mehr über die Zukunft des Nordsinai als die rosigen Versprechen von

Scheich Al-Manei. Was hatte uns der Folterer auf der Matte in der Wüste noch prophezeit? »Wenn wir eines Tages keine Schwarzen mehr bekommen, holen wir unsere Geiseln eben in Kairo.«

♦♦♦

Wir sind schon in der ägyptischen Hauptstadt angekommen – da klingelt das Handy. Auf dem Display leuchtet die Nummer auf, die uns Selomon gegeben hat, die Nummer aus dem Foltercamp auf dem Sinai. Wir holen tief Luft und nehmen das Gespräch an. Ihr Name sei Tzega, sagt die verzweifelte Stimme einer Frau auf Englisch. Sie sei 21 Jahre alt und stamme aus Eritrea. Ihr Lösegeld betrage 40 000 Dollar.

Im Hintergrund meinen wir, ein metallisches Geräusch zu hören. Plötzlich stößt Tzega einen markerschütternden Schrei aus. »Ich blute! Ich blute!«, ruft sie immerzu ins Telefon. »Helft mir! Mein Gott, sie schneiden mir die Finger ab!« Dann wird die Verbindung gekappt.

WUNDER SIND MÖGLICH!

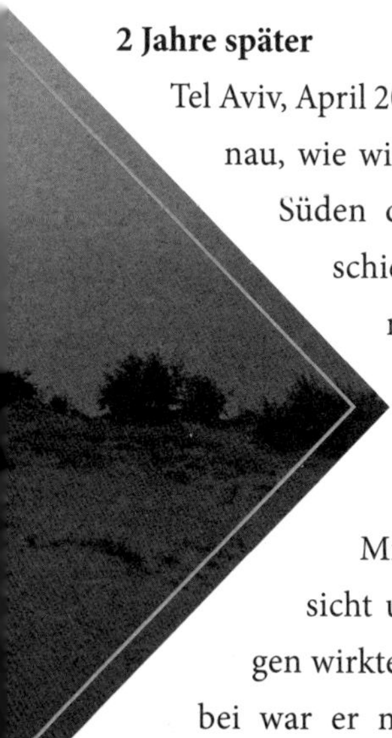

2 Jahre später

Tel Aviv, April 2013. Ich erinnere mich noch genau, wie wir uns in dem kleinen Café im Süden der Stadt voneinander verabschiedeten. Selomon versteckte seine verstümmelten Hände in den Ärmeln seines Wollpullovers und streckte mir stattdessen seine Schulter hin. Mit seinem ausgemergelten Gesicht und den schwarzen Augenringen wirkte der Eritreer wie ein Greis, dabei war er noch keine 30 Jahre alt. Sein Rücken war gebeugt, seine Stimme brüchig, sein Blick starr und leer.

Zurück in Deutschland, versuchte ich monatelang ein Krankenhaus zu finden, in dem Selomons Hände gerettet werden könnten. In den Foltercamps im Sinai hatte er sechs Finger verloren. Die Schmerzen kamen in Schüben. Er konnte nicht selbst essen, sich anziehen oder schreiben. Für die kleinsten Handgriffe war er auf fremde Hilfe angewiesen. Doch keine Klinik wollte mich unterstützen.

Erst als Mitte Juli meine Sinai-Reportage erschien, kamen die Dinge in Bewegung. Das Echo war umwerfend. Über die Redaktion erreichten mich unzählige E-Mails und Briefe. Leser recherchierten meine private Nummer und weinten am Telefon. Tageszeitungen, Radio- und TV-Sender griffen das Thema auf, auch internationale Medien veröffentlichten die Reportage.

Ich bin kein Menschenrechtsaktivist oder Entwicklungshelfer. Ich bin Journalist. Aber Hunderte von Lesern wollten etwas tun. Wie sollte ich all die Anfragen bewältigen? Ich beschloss, mich an die Frankfurter Hilfsorganisation medico international zu wenden, deren Arbeit ich seit Jahren schätze. Wir formulierten einen spontanen Spendenaufruf für eine offene Klinik in Tel Aviv, wo Folteropfer aus dem Sinai gratis versorgt wurden. Über 30 000 Euro gingen ein.

Auch die Bundesregierung wurde aktiv: Gemeinsam mit den Vereinten Nationen lancierte das Außenministerium für rund drei Millionen Euro Hilfsprojekte, um die medizinische Betreuung der Opfer zu verbessern und die Behörden in den Grenzregionen zwischen Eritrea und Sudan gegen den Menschenhandel zu mobilisieren.

Es sind Tausende von afrikanischen Flüchtlingen aus dieser Gegend, die Selomons grausames Schicksal teilen. Doch mich hat der junge Eritreer besonders berührt. Als er mir in Tel Aviv in allen Einzelheiten von seiner Folter erzählte, ging er noch einmal durch die Hölle seines Traumas. Am Ende machte er eine lange Pause. Minuten, die sich anfühlten wie Stunden. Dann sagte er: »So habe ich darüber nie gesprochen.« Da spürte ich, dass ich ihm helfen wollte.

Nicht aus Mitleid. Sondern weil er seine Geschichte mit mir teilte, weil er mir vertraute.

♦♦♦

Im November flog endlich ein deutscher Mikrochirurg nach Tel Aviv, um Selomons Hände zu untersuchen. Die Reisekosten übernahm eine Münchner Klinik. Die Diagnose war ermutigend: Selomons Greiffähigkeit, so der deutsche Arzt, könne mittels mikrochirurgischer Operationen wiederhergestellt werden. Eine Familie aus München, die meine Reportage gelesen hatte, erklärte sich bereit, die gesamten Kosten zu übernehmen.

Doch wie sollten wir Selomon aus Israel nach Deutschland bringen? Einen verstümmelten Eritreer ohne Papiere? Nach mehreren vergeblichen Anläufen half uns ein Zufall. Das Europäische Parlament – aufgerüttelt durch Presseberichte über die Folterungen im Sinai – suchte nach einem Augenzeugen. Man entschied sich für Selomon. Einer offiziellen Einladung folgend, reiste er im Dezember 2013 nach Brüssel, um vor dem Europäischen Parlament von den Grausamkeiten in den Foltercamps zu berichten.

Danach flog Selomon nach Schweden, um dort Asyl zu beantragen. Wir waren damals noch mit ungelösten Fragen hinsichtlich seiner Behandlung in München beschäftigt. In Schweden hingegen, so hatte Selomon gehört, würde die Operation seiner Hände durch die staatliche Krankenversicherung gedeckt sein, sobald er dort als Asylbewerber anerkannt wäre.

Er landete in einem Auffanglager in Nordschweden. In den dunklen Wintertagen verlor er jedes Gefühl für die Uhrzeit. Seine E-Mails wurden immer kürzer und seltener und klangen deprimiert und hoffnungslos. Nach mehreren Monaten entschieden die Schweden, nicht für Selomon zuständig zu sein. Sie schickten ihn zurück nach Brüssel, wo er in die EU eingereist war. Um ein erneutes Tauziehen mit den Behörden zu vermeiden, schaltete die Münchner Spenderfamilie einen Anwalt ein. Dieser erreichte, dass sich Deutschland »aus besonderen humanitären Gründen« für Selomons Asylverfahren zuständig erklärte.

Unterdessen hat sich die Situation im Sinai rasant verändert: Ägyptische Bodentruppen kämpfen gegen Islamisten, die Luftwaffe bombardiert Dörfer. Laut meinen lokalen Kontakten gelingt es den Kidnappern kaum mehr, ihre Geiseln in den Sinai zu schaffen. Doch der organisierte Menschenhandel hat schon eine neue Basis gefunden. Statt ihre Opfer wie zuvor vom Sudan quer durch Ägypten in den Sinai zu transportieren, operieren die Entführer und Folterer jetzt direkt vom Sudan aus.

Informanten zufolge gingen allein in den vergangenen vier Wochen über 70 Anrufe von entführten Flüchtlingen aus Eritrea bei Angehörigen ein. Am Telefon verlangen die Kidnapper Lösegeld und drohen mit Folter. Das grausame Geschäft floriert weiter. Die meisten neuen Foltercamps sollen in der Region Kassala an der eritreisch-sudanischen Grenze liegen.

♦♦♦

Am 19. Juli 2014, über ein Jahr nach meiner letzten Begegnung mit Selomon in Tel Aviv, war es dann endlich so weit: Ich saß im Garten des Münchner Stadtcafés am Sankt-Jakobs-Platz, ein sonniger Tag, an den Nachbartischen lachten Gäste. Ich war nervös. Wie würde Selomon aussehen? Würde er nach seiner jahrelangen Odyssee am Boden zerstört sein? Deprimiert? Traumatisiert?

Dann kam er durch den Museumsflur in den Garten, ganz in Schwarz. Sofort fiel mir sein gerader Rücken, seine aufrechte Haltung auf. Seine Haare waren etwas länger, seine Augen leuchteten. Seine Hände steckten nicht mehr in den Ärmeln eines Pullovers wie bei unserem Abschied in Tel Aviv. Die Gelenke waren jetzt mit schwarzen Tüchern bandagiert, die Stummel für jedermann zu sehen. Selomon trug sie ohne Scham, als einen Teil seines Körpers.

Vor mir stand kein Opfer, sondern ein Kämpfer. Einer, der unvorstellbare Qualen erlitten und überlebt hatte – und der nun bereit war, sein zurückgewonnenes Leben von Neuem in die Hand zu nehmen. Er begrüßte mich nicht mit »Guten Tag« oder »Wie geht es dir?« Er lachte und sagte: »Wunder sind möglich!« Dann umarmten wir uns.

♦♦♦

Seither tut Selomon beharrlich alles, um den Zustand seiner Hände zu verbessern und in Deutschland Fuß zu fassen. In mehreren komplizierten Operationen konnte der Münchner Mikrochirurg die Greiffähigkeit der rechten Hand deutlich verbessern. Selomon kann wieder sein Brot selber schmieren und schreiben. Drei bis vier Mal wöchentlich geht er zur Physiotherapie, um Gefühl und Beweglichkeit in seine Hände zu bringen. Die Zukunft seiner linken Hand ist unklar. Was die Folterer mit brachialer Gewalt zerstört haben, muss jetzt – soweit möglich – in chirurgischer Kleinstarbeit wiederhergestellt werden. Selomons Kampf und der seiner Unterstützer wird noch Jahre dauern.

Bis dahin wohnt Selomon bei den Münchner Spendern, einer Familie mit drei erwachsenen Kindern, in einem Doppelhaus mit leicht verwildertem Garten im S-Bahn-Bereich der Stadt. »Wir sind keine Hilfsorganisation, sondern ganz normale Privatleute«, sagt die Mutter, eine Linguistin, die selbst jahrelang im Ausland lebte und weiß, wie es ist, in der Ferne fremd zu sein. »Bis Selomon auf eigenen Beinen stehen kann, bieten wir ihm eine Familie.« Regelmäßig massiert sie seine Hände; wenn es schnell gehen muss, knöpft sie auch seine Hemden zu.

Die Familie will anonym bleiben. Ebenso Selomon, der im richtigen Leben anders heißt und um die Sicherheit seiner Eltern und Geschwister in Eritrea fürchtet, sollte seine Identität enthüllt werden. Meinem Bericht haben sie zugestimmt, weil sie hoffen, ihr Beispiel könnte in Deutschland auch andere dazu ermutigen, »Flüchtlingen einen freundlichen Anschluss an das Leben ganz normaler Menschen zu bieten«.

Wie sehen Selomons Pläne aus? Sein Asylverfahren läuft, seinen ersten Deutschkurs hat er nach nur fünf Monaten mit Zertifikat abgeschlossen und büffelt jetzt als Fortgeschrittener weiter. Mit einem selbst entwickelten Vierfinger-System gelingt es ihm täglich besser, die Tastatur seines Laptops zu bedienen. Denn die große Leidenschaft des eritreischen Universitätsabsolventen ist die Informatik. Sein Traum: eine Stelle als Programmierer in einer deutschen IT-Firma.

Ein weiteres Jahr später

Kurz vor Drucklegung dieses Buches erreicht mich eine großartige Nachricht: Selomon hat es geschafft und arbeitet als Programmierer bei seinem Traumunternehmen in München.

DIE BILDER

S. 8	Selomon, 28, Immigrant aus Eritrea, wurde in einem Camp im Sinai gefoltert. Wie die meisten Opfer in dieser Geschichte hat er Angst, sein Gesicht zu zeigen und seinen richtigen Namen zu nennen. Aber seine verstümmelten Hände können alle sehen.
S. 24	Ein Späher steht auf dem Dach eines ummauerten Gebäudes in der Gegend von Al-Mahdia im Sinai. Hier, ganz nah an der Grenze zu Israel, befinden sich die Foltercamps. Jeder einzelne Keller käme dafür in Frage.
S. 50	Sonnenuntergang über der Wüste des Sinai, die afrikanische Flüchtlinge auf dem gefährlichen Weg nach Israel durchqueren.

MICHAEL OBERT ließ mit 27 Jahren auf dem Amazonas seine Karriere als Manager hinter sich und wurde zum Reisenden. Heute gehört er zu den bekanntesten Reportern im deutschsprachigen Raum. Seine vielfach preisgekrönten Reportagen, vor allem aus Afrika und dem Nahen Osten, erscheinen in renommierten deutschen Magazinen sowie in zahlreichen internationalen Medien. Er wurde unter anderem mit dem Deutschen Reporterpreis und dem Otto Brenner Preis ausgezeichnet. Sein Regiedebüt, der Kinofilm »Song from the Forest«, wurde mit mehreren internationalen Dokumentarfilmpreisen prämiert und schaffte es

2016 in die Vorauswahl für die Oscars.

Für seine Reportage über die Foltercamps auf dem Sinai wurde er ausgezeichnet mit dem Otto-Brenner-Preis für kritischen Journalismus und dem Leuchtturm-Preis für besondere publizistische Leistungen und nominiert für den Henri-Nannen-Preis sowie für den European Press Prize.

Michael Obert lebt in Berlin.

»DIE STRASSE KANNST DU NICHT BEZWINGEN.«

LESEPROBE

GOOD LUCK

DIE SPUR ENTSTEHT IM FAHREN

Der Reisebus kommt direkt auf uns zu. Schnell. Unausweichlich. Wir sind auf der Überholspur eingeklemmt, zwischen einem Sattelschlepper und dem Rand des Asphalts. Die Scheinwerfer des Busses blenden auf, ihr Licht zerspringt auf unserer Windschutzscheibe. Noch 200 Meter, 100, 50.

Im letzten Moment reißt Sitaram das Lenkrad herum. Unser Lastwagen schwankt, schlingert, zieht hinüber auf seine Spur, doch es reicht nicht, nein, es … gleich kracht es, frontal, mit 80 Sachen – der Bus, die erhobene Faust des Fahrers, seine grausige Grimasse, eisblau im Licht der Bordlampe. Gleich. Jetzt. Augen zu. Zuerst die Druckwelle. Dann ein markerschütternder, dumpfer Knall. Ich reiße die Augen auf, ringe nach Luft. Schwarz. Alles schwarz. Nein, nicht das Jenseits. Nur der National Highway 6 unter einem sternenlosen Nachthimmel, irgendwo in Westbengalen.

Es herrscht Krieg auf den Straßen Indiens. Seit Sonnenuntergang stecken wir mittendrin. Sitaram verzieht keine Miene. Die linke Hand lässig auf dem Lenkrad, kurbelt er mit der rechten die Scheibe herunter und rückt seelenruhig den Außenspiegel zurecht. Der Reisebus hat ihn gestreift. 2200 Kilometer sind es auf der Fernstraße von Kalkutta nach Mumbai, doch am Ende entscheiden Millimeter über Leben oder Tod.

Wer das Wesen einer Nation ergründen wolle, behaupten Soziologen, brauche sich nur anzusehen, wie sich die Leute im Straßenverkehr verhielten. Auf Indiens Straßen stirbt alle fünf Minuten ein Mensch. Jedes Jahr sind es fast 150.000, dazu kommen rund eine Million Verletzte. Das motorisierte Chaos fordert hier mehr Opfer als irgendwo sonst auf der Welt.

Offiziell herrscht in Indien Linksverkehr. Doch niemand kümmert sich darum. Die Spur entsteht im Fahren. Verkehrsregeln, Schilder und Ampeln werden kaum beachtet. Stattdessen gilt das Recht des Stärkeren, gestaffelt nach Kampfgewicht, Hubraum und PS. Ganz oben stehen Reisebusse und Lastwagen, darunter Kombis und Pkw, und so geht es weiter bis in die Niederungen motorisierter Rikschas, deren Felgen mit Metallspitzen bestückt sind wie bei römischen Streitwagen. Sie sind dem Mopedfahrer überlegen. Der dem Radfahrer. Der wiederum dem Fußgänger, der statt über Rechte nur noch über seine Verletzbarkeit verfügt. Die Hälfte aller indischen Verkehrstoten sind Fußgänger. Wer zu Fuß geht, ist Beute, Fleisch.

Indien verstehen? Ein Milliardenvolk mit über zwanzig Sprachen und Hunderten von Göttern, die nach China weltweit am stärksten expandierende Volkswirtschaft? Indien enträtseln auf einem Trip von Ost nach West, einmal quer durch den Subkontinent, auf einer der anarchischsten Fernstraßen Südasiens? Am höchsten, hatte ich mir ausgerechnet, wären meine Überlebenschancen auf dem National Highway 6 mit einem, der das Chaos meistert und unter brutalsten Bedingungen durchhält, durchhalten *muss*, Tag für Tag, mit einem, der im indischen Verkehr ganz oben steht und, wenn es hart auf hart kommt, die Muskeln spielen lässt – mit einem indischen Trucker.

Keiner meiner Freunde in Kalkutta glaubte, dass ich einen Fernfahrer finden würde, der mich mitnähme. Wer wollte dort draußen schon das Leben eines Passagiers riskieren? Und dazu noch das eines weißen? Nach einer Reihe von Absagen landete ich hinter dem New Market in Kalkutta schließlich in Mister Prasads Büro. Mister Prasad, ein geschäftstüchtiger, kleiner

Speditionsagent, den ich nie ohne frisch gebügeltes Hemd und polierte Lederschuhe sah, gilt im Transportgeschäft als Mann für knifflige Fälle. Vor drei Jahrzehnten verschiffte er die persönlichen Effekten von Günter Grass zurück nach Deutschland, nachdem dieser mehrere Monate in Indien verbracht hatte.

Der Nobelpreisträger schenkte Mister Prasad für seine verlässlichen Dienste ein signiertes Autorenfoto. Ob es heute noch sein Wohnzimmer zieren würde, wenn Mister Prasad wüsste, dass Grass in seinem Tagebuch *Zunge zeigen* Kalkutta als »Scheißhaufen Gottes« bezeichnet? Aber Grass hing noch. Direkt neben dem Hausaltar. Mein Glück, denn jetzt saß wieder ein Deutscher vor Mister Prasad, ebenfalls ein »Poet«, wie er sich freute, und erneut war dieser auf seine Hilfe angewiesen – mir wurde sozusagen die Ehre einer Grass'schen Reinkarnation zuteil.

Im Fahrerhaus des Lastwagens lösen sich meine Fingernägel aus den Sitzpolstern. Der Außenspiegel ist wieder in Position, aber der dumpfe Knall sitzt mir noch in den Knochen. Ich bin unterwegs. Nach Mumbai. Eine Woche nach meinem ersten Besuch bei Mister Prasad. Mit einem Empfehlungsschreiben des Verkehrsministers. Am Steuer: Sitaram Roy. Eine gefühlte Ewigkeit kann Sitaram auf die Straße starren, ohne ein Wort zu sprechen, entrückt in eine rätselhafte Melancholie. Seine Arme sind spindeldürr, seine Augen verträumt, die Haare knabenhaft aus der Stirn gestrichen. Nach seinen Papieren ist er 24 Jahre alt, nach seinem Aussehen 18. Höchstens. Er sitzt auf einem am Boden festgeschweißten Campingstuhl, gelassen wie ein Buddha, das riesige Lenkrad zwischen die Beine geklemmt. Von der Kabinenwand blättert blauer Lack. Die Ablagen sind rostig. Die Armaturen funktionieren längst nicht mehr. Nur die Tachonadel zittert zwischen 40 und 50 Stundenkilometern.

गवनवा कहिया
गायक : अरविन्द अकेला,
DIGITAL RECORDED
B SERIES
C & P : PRABHU ELECTRONI
Near Shiv Kali Mandir, Bakar Ga

I – AM – IN – LO-OVE

Alles, was ich über Sitaram weiß, ist, was Mister Prasad mir in Windeseile erzählt hatte, bevor er mich in Kalkutta in den Lastwagen schob: Sein Vorname bedeute *der Göttin Gemahl*, geboren wurde er im nordindischen Bundesstaat Bihar, Führerschein seit sechs Monaten, »kein Alkohol, keine Drogen, keine Frauen, kein Problem«. Sein *second driver* heißt Lal Babu. Der Teenager mit flaumigem Bärtchen und pechschwarzen Füßen stamme aus demselben Dorf in Bihar. Sitarams Onkel habe ihm den Jungen geschickt, damit er ihn unter seine Fittiche nähme und aus ihm einen anständigen Fernfahrer mache.

Lal Babu ist seit unserem Aufbruch gut gelaunt – solange er an einem Joint ziehen kann. Sehr zum Ärger von Sitaram, der bei Vollgas beide Hände vom Lenkrad nimmt, um den Rauch aus dem Fenster zu fächeln. Sofort gerät der Tata 1312, ein Zweiachser mit fünf Meter hohem Containeraufbau, gefährlich ins Schwanken, und hinter meiner Stirn laufen beunruhigende Bilder ab: ein sich überschlagender Truck, zertrümmerte Kabine, überall Blut und 800.000 für den Export bestimmte Lederschuhe, verstreut auf westbengalischen Reisfeldern.

Sitaram und Lal Babu sprächen kaum Englisch, hat mir Mister Prasad noch nachgerufen. Wie sollen wir uns in den kommenden 200 Stunden verständigen?

»Ich heiße Michael«, versuche ich es auf Englisch.

»Okay, Sahib!«

Sahib. So wurden Europäer in der Kolonialzeit angeredet; ursprünglich bedeutet das Wort: Besitzer.

»Nicht Sahib, bitte! Ich bin Michael! Michael, okay?«

»Okay, Sahib!«